Primera edición: diciembre 2024
Diseño y maquetación: Ediciones DeFabula

ISBN: 978-84-946173-9-3
Depósito legal: B 22956-2024

José Ramón Alonso • Didac Pla Colomer

la clase neurodiversa

Todos somos diferentes. Todos tenemos algún superpoder. Ayudemos a nuestros compañeros. Aquí cabemos todos. Necesitamos a todos. Juntos somos mejores.

DeFábula

Era el primer día de cole. Algún niño de infantil lloraba al despedirse de su papá. Pero ellos ya eran mayores, ¡iban a primaria! Venían de sitios diferentes y muchos no se conocían, se miraban con curiosidad y alguno esbozaba una sonrisa tímida. Llevaban mochilas de colores alegres, algunas con dibujos de superhéroes.

Sara se acercó a un niño.

–¡Hola, soy Sara! Me gusta tu mochila.

–Es de Spiderman.

–Sí, lo sé. Me gustaría poder lanzar telarañas, saltar de rascacielos en rascacielos y atar a los malos como él.

–Spiderman es Peter Parker –respondió el niño.

–Ah, no lo sabía.

–Y hay un Spiderman con traje negro.

–¿En serio? Solo he visto el de traje rojo, como el de tu mochila. ¿Cómo te llamas?

–Pedro, como Spiderman.

Sara lo miró asombrada. No había conocido a nadie que supiera tanto sobre Spiderman como Pedro.

Un niño tenía unas gafas de sol muy grandes. Sara se acercó. Era curiosa y le gustaba hablar con otros niños.

–Hola, ¿te molesta el sol?

–No, es que no veo, soy ciego.

–Ah, entonces no sabes cómo soy.

–No, pero tienes una voz muy dulce.

–¡Gracias! –dijo Sara, todo contenta.– ¿Cómo te llamas?

–Luis.

–Me da pena que no sepas como soy, Luis.

–Sé algunas cosas: eres alegre, eres chica, eres más o menos de mi edad y eres del sur.

–¡Es verdad, soy de Cádiz! ¿Cómo lo sabes?

–Porque pronuncias las eses de una manera preciosa, muy bonita.

Sara pensó que mucha gente veía, pero no se daba cuenta de casi nada, pero Luis era un auténtico detective. ¡Aún sin poder ver descubría muchas cosas que los demás no notaban! Lo miró con admiración y contenta de que estuviera en su clase.

La maestra se presentó:

–Hola, me llamo María y voy a ser la tutora de este curso. Va a ser un año feliz en el que vamos a aprender muchas cosas. Sois 24, así que vamos a hacer seis grupos de cuatro. Venid aquí a la alfombra y nos sentamos todos juntos.

Todos los niños se sentaron y se pusieron cómodos.

–María –dijo una niña que se llamaba Lucía– aquí hay niños que son muy raros.

–Todos somos raros. ¿Ves?, yo soy la única pelirroja –contestó María.

–Pero hay un niño que no ve.

–Sí. Vamos a hacer un juego. Poneos de pie, cerrad los ojos, girad tres veces sin abrir los ojos, ¡cuidado no os mareéis! Ahora, sin abrir los ojos, extended un dedo y señalad dónde creéis que está la puerta.

Todos los niños hicieron lo que se les decía. María les recordó:
–No abráis los ojos todavía. –Unos segundos después dijo:
–No os mováis... ¡Ahora podéis abrirlos!

Los niños de la clase abrieron los ojos despacio, como si despertasen de un conjuro. Era divertido, cada uno señalaba para un lado. Unos para la pizarra, otros para el fondo de la clase, varios hacia la ventana. Pero Luis señalaba perfecto hacia la puerta.

–Fijaos –dijo María– si se fuese la luz en invierno, si todo se volviera muy oscuro o se llenase de humo, el que nos sabría guiar a todos para encontrar la salida sería Luis. Él nos ayudaría y somos afortunados de que esté entre nosotros.

Todos miraron a Luis con admiración. Nunca lo habrían pensado, pero era verdad, era el único que había sabido dónde estaba la puerta. Su dedo señalaba hacia allí a la perfección.

María les dijo.

–Vamos a poner nombre a nuestra clase ¿Qué os parece si la llamamos «La clase neurodiversa»?

–¿Qué es eso? –preguntó Laura.

–La neurodiversidad significa que las personas somos distintas y nos comportamos de manera diferente. Eso es porque nuestros cerebros no trabajan igual –fue la respuesta de María, la maestra.

–¿Eso quiere decir que hay cerebros que funcionan bien y otros mal? –preguntó una niña que se llamaba Teresa.

–No –respondió María– la idea es que todos tenemos cerebros que funcionan bien, pero no de la misma manera. Al ser algo distintos, cada uno tenemos cosas que se nos dan bien y otras que nos cuestan más. Vamos a ver –continuó María– ahora cada uno va a decir una cosa que se le dé bien y una que no se le dé tan bien. Si os parece, empiezo yo: se me da bien enseñar a los niños y se me da menos bien bailar.

Lucía siguió:

–Se me da bien hacer osos de plastilina y se me da menos bien lavarme el pelo.

Mohamed añadió:

–Se me da bien correr, soy superrápido, y se me da menos bien recoger mi habitación.

María le respondió:

–Me encantaría ser superrápida como tú y está bien que sepas que no recoges tan bien tu habitación, para que te animes a mejorar.

Otros niños asintieron, a ellos les pasaba algo parecido a Mohamed. Pedro dijo:

–A mí se me da bien recordar cosas, sobre todo de Spiderman y otros superhéroes, pero no me gusta mucho hablar.

María le contestó:

–Está bien y lo respetaremos, por supuesto. Pero habrá veces que tendrás que hablar. Estaremos todos para ayudarte y que te sientas a gusto. ¿Vale?

Pedro la miró, pero no dijo nada. Era verdad, no le gustaba mucho hablar.

Pablo dijo:

–Yo tengo dislexia.

–Cuéntanos qué es eso –dijo María.

–Quiere decir que no se me da bien leer y deletrear las palabras.

–¿Y no va a aprender a leer? –preguntó Leire mirando a Pablo extrañada.

–Sí, pero le cuesta más –dijo María–. Es lo que veíamos antes: hay quien tiene facilidad para algo y a otro le cuesta más tiempo o más esfuerzo.

–Pues qué mala suerte –insistió Leire con cierta pena.

–Bueno, las cosas que cuestan tienen un brillo especial. Es como la medalla de las Olimpiadas. Todos los que la ganan es porque se han esforzado mucho. Quizá si todo fuese fácil, no se esforzarían tanto y no ganarían las Olimpiadas.

–O la Liga –dijo Mohamed, que le encantaba el fútbol.

–O la Liga –asintió María.

–¿Y la dislexia se cura?

–No, son cosas con las que naces y a menudo son de por vida. Pero con esfuerzo puedes superar muchas dificultades y lo más importante es ser una buena persona. No hay nada en la dislexia que te impida ser una persona maravillosa.

–¿Es que es menos inteligente? –preguntó Sara.

–No, son tan inteligentes como los demás, pero su cerebro trabaja el lenguaje de una forma algo diferente.

–¿Y yo puedo tener dislexia? –preguntó Manuel.

–En principio la puede tener cualquier persona, pero lo lógico es que tus papás o los maestros lo hubieran notado: que tuvieras dificultades a la hora de escribir o de leer, que cometieras más fallos al pronunciar palabras, que te costase repetir una frase o que te resultase difícil conectar una letra y un sonido.

–Eso me pasa a mí a veces –dijo Sonia.

–¡Claro! Nos pasa a todos –le contestó la seño–. Eso también es importante, que os deis cuenta de que todos tenemos un poco de las cosas de los demás. Y hay otro punto importante: a veces el tener un reto en una cosa hace que seas especialmente bueno en otra.

–¿Como Luis, que sabe orientarse así de bien?

–Sí, eso nos pasa a todos. Pedro por ejemplo tiene autismo. Eso hace que le sea difícil conversar o jugar con otros niños, pero puede saber mucho de algunas cosas, como los superhéroes, o ser muy bueno o muy honesto. Algunos niños lo miraron con curiosidad.

–Son muchas cosas distintas, dislexia, autismo... –dijo otro niño que se llama Manuel.

–Sí, ser diferente es muy normal –dijo María.

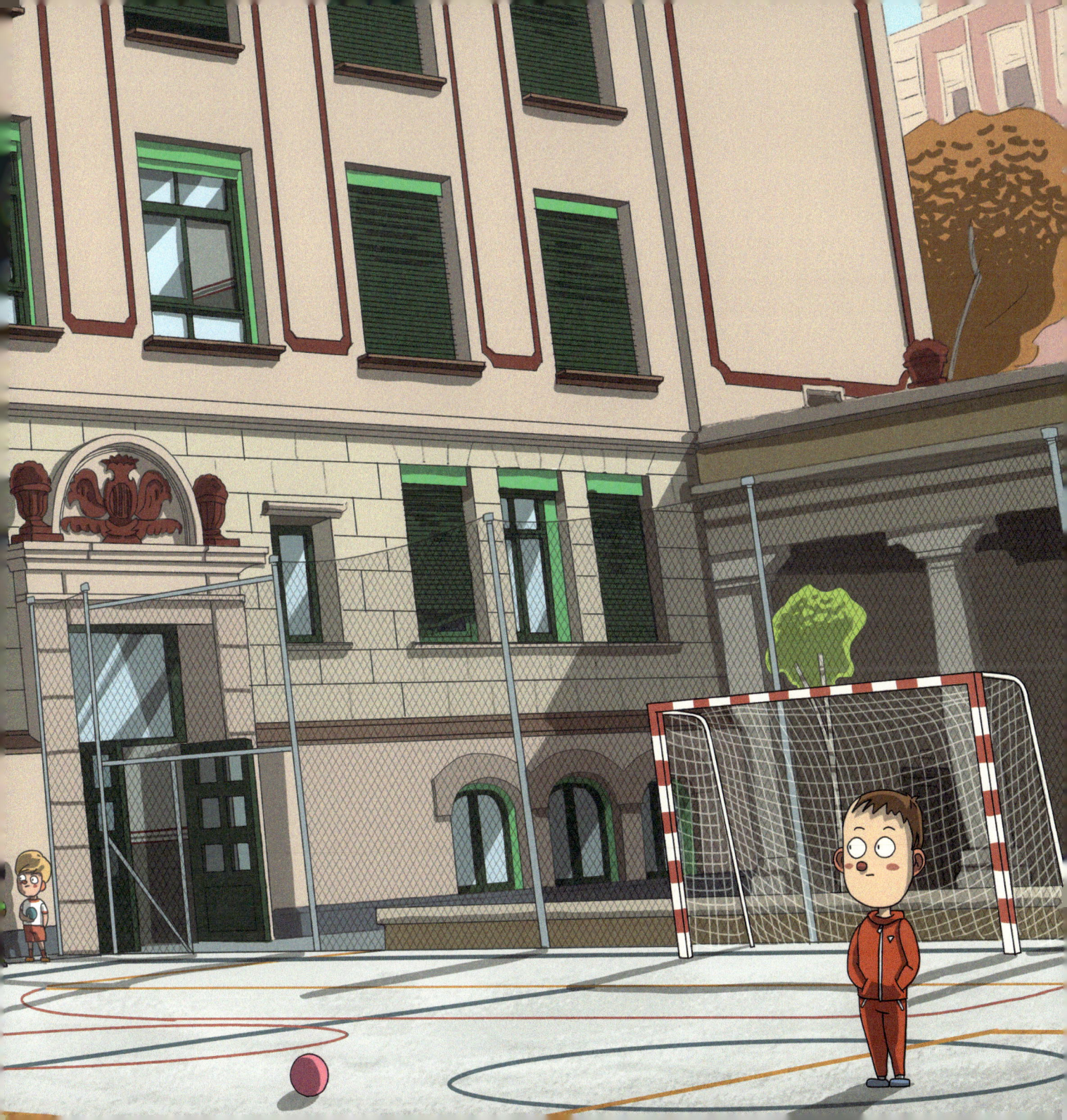

–¿Qué os gustaría que pasara este curso? –les preguntó la maestra–.

–A mí me gustaría tener amigos –contestó Pedro.

–Está genial, dijo María. ¿A quién le gustaría ser amigo de Pedro?

Todos levantaron la mano.

–¡Fenomenal!, pero a Pedro a veces le cuesta hacer amigos. ¿Cómo podríamos ayudarle?

–Podemos invitarle a que juegue con nosotros en el recreo –dijo Sara.

–Eso está muy bien –contestó María– pero habrá que entender que a veces prefiera no participar, pero hay que invitarle todos los días ¿vale? Tenemos que intentar sumarle, pero respetarle si en un momento no le apetece o prefiere hacer otra cosa.

–Yo lo voy a invitar a mi cumpleaños, que será dentro de poco –comentó Mikel.

–¡Qué bien! ¿Sabéis que hay niños con autismo que no los invitan nunca a un cumpleaños?

–¡Qué pena! ¿Por qué? –dijo Laura.

–Pues a veces por miedo al diferente, por no saber si va a encajar, porque a veces queremos creer que va a estar mejor solo, por ignorancia... Hay muchas posibilidades.

–Pero, ¿lo puedo invitar? –insistió Mikel.

–¡Claro! A veces a los niños como Luis no les gusta el barullo, muchos niños corriendo y gritando en el cumple. Pero puedes invitarle a que vaya a tu casa y juegue con tus juguetes, también le puedes preparar un cucurucho de golosinas como a los demás niños. Está fenomenal que lo invites, pero aún es mejor que le dejes elegir y aprendas lo que prefiere y cómo hacer que se sienta a gusto.

–¿Está bien que pregunte a mis papás?

–Está genial. Diles que si tienen dudas, que me llamen y yo les cuento. ¡Me parece un planazo!

–María, ¿y hay otros niños que también sean neurodiversos?

–Sí, el curso pasado tuve un niño con déficit de atención con hiperactividad.

–¿Qué es eso? –preguntó Pablo.

–Pues son niños que les cuesta concentrarse en las actividades de clase. Por eso decimos que tienen déficit de atención, porque les resulta difícil prestar mucha atención a una tarea. Además, son muy movidos, les cuesta estarse quietos mucho tiempo, eso es la hiperactividad. También son impulsivos, pueden decir o hacer cosas antes de pensarlas apenas. Estas cosas ocurren la mayor parte del tiempo y afectan a la vida diaria de los niños, en su casa y en el cole.

–Me pongo un poco triste –dijo Sara.

–Bueno, tienes que pensar que los niños con TDAH también tienen muchos puntos fuertes, muchas cualidades. Pueden ser creativos y pensar las cosas de una manera personal y curiosa. A veces son grandes inventores. También saben esforzarse y dedicar mucho tiempo a aprender y disfrutar de las cosas que les gustan. A menudo son aventureros y están abiertos a probar cosas nuevas.

–Pero es como que tienen mucha energía –dijo Tomás, con admiración.

–Sí, algunos de ellos canalizan esa energía hacia la actividad física y tienen mucho éxito en los deportes.

A Mohamed se le abrieron mucho los ojos. Le encantaba todo lo relacionado con el deporte.

–¿Y hay más personas con neurodiversidad?

–Bufff –respondió María– hay muchos niños que tienen otras cosas, con nombres raros: dispraxias, síndrome de Tourette, disgrafia, trastornos del lenguaje... En mayor o menor medida todos somos neurodiversos. No hay una forma correcta de ser y todas las demás son incorrectas. Todas son las que son y ya está. ¿Habéis oído hablar de la discalculia?

Los niños negaron con la cabeza.

–Es una condición que hace que algunos niños tengan dificultades para las matemáticas, como entender los números, aprender a hacer cosas con ellos como sumas o restas, cálculos y cosas así.

–Cuántas cosas distintas –dijo Pablo.

Mikel preguntó:

–¿Es mejor ser especial?

María le contestó:

–Todos somos especiales. El mundo es más bonito porque hay cosas distintas y personas diferentes. A ver, Tomás, ¿cuál es tu animal favorito?

Tomás no tuvo ni que pensarlo, lo tenía claro:

–¡El tigre!

–Imagina dos mundos, uno en el que solo hubiera tigres, muchos tigres, y otro en el que hubiera tigres y leones y elefantes y avestruces y cocodrilos y ballenas, todos los animales. ¿Qué mundo te gustaría más? ¿Cuál te parecería más divertido?

Aquí Tomás sí que se tomó un poco de tiempo para pensarlo. Es cierto que los tigres le encantaban, pero sí, era más divertido imaginar una selva llena de animales diferentes, unos que nadan, otros que vuelan, otros que corren.

–Creo que me gustaría más un mundo con muchos animales diferentes.

–Perfecto, porque ese es el nuestro –le respondió María.

– ¿Y os gustaría un mundo donde todos los niños fuesen fotocopias unos de otros o que cada uno fuese único y especial?

Casi contestaron todos a la vez. ¡Claro! Era mucho mejor un mundo con niños diferentes.

–Pues fijaos la suerte que tenemos, que ese es nuestro mundo y dentro de ese mundo está nuestra ciudad, donde hay personas diferentes, y dentro de la ciudad está este cole, donde vienen niños muy variados y dentro del cole está ¡la clase neurodiversa!, una clase feliz. La neurodiversidad hace que nuestro mundo sea más bonito y también que esta clase sea tan fantástica.

–¿Qué podemos hacer para cuidarlo, María? –preguntó Luis.

–¿Sabéis cuando nos preocupamos de las especies en peligro de extinción? –le contestó María.

–¿Cuáles son esas? –preguntó Sonia.

–Son las que están en riesgo de desaparecer, y desgraciadamente son muchas –respondió María– ¿Alguien conoce alguna de estas especies?

–Los linces –dijo Tomás.

–Los osos panda –añadió Mohamed.

–Creo que también algunas plantas –aportó Leire.

–¡Exacto! –dijo María. Las cuidamos para que no desaparezcan. Aquí tenemos que hacer algo parecido: apreciar las diferencias, sentirnos afortunados de vivir en un mundo diverso y cuidarlo.

–Y eso ¿cómo lo hacemos, María? –preguntó Luis.

–Pues podemos empezar como hemos hecho hoy: valorando todas las cualidades buenas.

–Yo no sé si lo voy a hacer bien –dijo Carlos con cara de preocupación.

–A ver, se me ocurren algunas cosas –afirmó María muy convencida–. Lo primero, hacemos un pacto de ayudarnos, de cuidarnos unos a otros. Todos asintieron.

–Vale, si hay alguien triste, que es algo normal y no pasa nada, nos preocuparemos de qué le pasa e intentaremos animarlo. Si se le ha olvidado alguna cosa de clase o algo para el desayuno, y ojo que hay que estar atentos y que no nos pase, compartiremos lo que tenemos, ¿ok?

De nuevo, todos asintieron. María concluyó:

–Estamos aquí para aprender, pero también para ser buenos compañeros, para pasarlo bien, para tener los mejores amigos del mundo.

–Otra pregunta –dijo María–. Si pudierais pedir algo para este curso a vuestros compañeros aquí sentados en la alfombra, ¿qué sería?

Todos empezaron a decir cosas: que fueran sus amigos, que les ayudaran si no sabían hacer algo, que jugaran juntos, que los escucharan, que les dieran abrazos.

María dijo:

–A mí me gustaría trabajar tres cosas. Una es la que se llama la «identidad». Que os conozcáis, que sepáis cosas de vosotros mismos y de vuestra familia, que os deis cuenta de cosas que tenéis que mejorar, que tengáis temas favoritos y disfrutéis de aprender cosas nuevas, que aprendáis nuevos juegos con los compañeros. También me gustaría que traigáis historias de casa, que nos habléis de vuestra comida favorita, de vuestra cultura, de vuestros abuelos. No es solo que la clase es vuestra, es que vosotros sois la clase.

–¿Y la segunda cosa? –preguntó Mikel, que tenía muy buena memoria.

–La segunda es una cosa que se llama «autoestima». Eso es que os queráis a vosotros mismos, que sepáis que sois personas únicas y formidables, que estéis orgullosos no solo de lo que consigáis, sino de lo que intentáis. Que si algo te sale mal un día, seguro que al día siguiente te va a salir mejor. Que sepas que ya haces muchísimas cosas bien y cada día, cada vez, lo vas a hacer aún mejor.

–¿Y la tercera? –remató Pablo.

–La tercera la llamo «pertenencia». Es que os sintáis orgullosos de ser de la clase neurodiversa, de ser de este cole y de toda nuestra comunidad.

–¿Y eso para qué vale? –preguntó Pedro, que no había hablado hasta entonces.

–Es como ser de un equipo de fútbol. Aunque no se vea, tenemos también nuestros colores, nuestra camiseta. Nos apoyamos unos a otros y nos alegramos de todo lo bueno que le pase a otro. Es un orgullo formar parte de un grupo así.

Se miraron y no dijeron nada, pero estaba claro que estaban de acuerdo.

–Entonces ¿cómo llamamos a los niños que tienen cosas diferentes? –preguntó Laura.

–Yo los llamo «niños» –respondió María– porque todos tenéis cosas que os cuestan y todos tenéis otras cosas que hacéis fenomenal, auténticos superpoderes.

Sara dijo con cierta tristeza

–Yo no tengo superpoderes.

–No es cierto –le contestó María. Has sido la primera que te has acercado a hablar con otros niños, para todos has tenido palabras amables y cariñosas, has hecho que muchos sonrieran y se sintieran bienvenidos. Tienes superpoderes de bondad, y son preciosos.

Y así fue el primer día de la clase neurodiversa.

¿Qué es la *neurodiversidad*?

La neurodiversidad es el concepto de que todos los seres humanos variamos en cuanto a nuestra capacidad mental. Todo el mundo tiene cosas que se le dan muy bien y otras que le resultan más difíciles. Sin embargo, para algunas personas la variación entre esos puntos fuertes y débiles es más pronunciada, lo que puede aportar talento, pero también puede ser discapacitante.

El término neurodiversidad lo propuso Judy Singer y era un añadido a categorías que ya tenemos asumidas como grupo étnico, género o clase socioeconómica. Ella pensaba que este nuevo criterio de «lo diferente neurológicamente» aumentaría las perspectivas del modelo social de la discapacidad, aquel que plantea que las barreras, actitudes negativas y la exclusión voluntaria o inconsciente por parte de la sociedad son los factores últimos que determinan quién tiene una discapacidad o hasta qué grado y quién no.

El concepto de la neurodiversidad nos anima a centrarnos en los beneficios potenciales para nuestros niños más que en los posibles problemas, a considerar cuidadosamente la diversidad cognitiva, a maximizar el potencial de nuestros alumnos y a valorar mejor a aquellos que tienen «cerebros diferentes». También implica una mayor inclusión, pero no puede ser una excusa para restar servicios y apoyos que para algunas personas son imprescindibles. Respetar y valorar la neurodiversidad no debe ser nunca a costa de las personas neurodiversas.

¿En qué ayuda la idea de neurodiversidad?

La neurodiversidad proporciona una visión más completa y positiva: los disléxicos a menudo tienen mentes que visualizan con facilidad en tres dimensiones, lo que puede hacer de ellos magníficos ingenieros o arquitectos. Las personas con TDAH tienen un estilo de atención diferente, más difuso, que puede facilitar una visión interdisciplinar y creativa. Las personas con trastorno del espectro del autismo (TEA) pueden tener una relación excepcional con los objetos que haga de ellos unos expertos únicos en ese ámbito. Son solo ejemplos de un potencial que la sociedad empieza a descubrir y, con suerte, a valorar.
Ello implica cierto cambio en educadores, responsables y empleadores.

Algunos niños tienden a ser los más débiles en aquellos aspectos que las escuelas más valoran (lectura, aritmética, escritura, hacer exámenes, seguir las normas) y más fuertes en otros aspectos que valoran menos (arte, música, naturaleza, astucia de calle, habilidad física). Al final, terminan siendo considerados como discapacitados y son definidos por lo que no pueden hacer, más que por lo que sí hacen. Estos niños necesitan rodearse de gente que vea lo mejor de ellos y potencie todas sus posibilidades. Necesitamos lo mismo cuando sean jóvenes y adultos.

¿Cómo se educa en la neurodiversidad?

Trabajar en clase un mayor sentimiento de identidad, autoestima y pertenencia está relacionado con una mayor motivación de los niños, un mayor bienestar y motivación de los profesores, un aumento de la asistencia a clase, un impacto positivo sobre la salud y el bienestar, una mejora del rendimiento académico y una mayor convicción, tanto en niños como en los adultos, de que podéis marcar la diferencia. Si conseguimos que todos los miembros de la clase se sientan valorados por lo que son y asumimos su diversidad, fomentaremos ese sentimiento de grupo.

Tenemos que entender que dentro de la neurodiversidad hay muchas diferencias, mucha diversidad. En el autismo, por ejemplo, se habla de un espectro, un amplio rango, pero también hay niños que tienen discapacidad intelectual, o son no verbales o tienen otras comorbilidades, otras condiciones simultáneas. Tenemos que ser capaces de adaptarnos a las necesidades y preferencias de cada uno.

El movimiento de la neurodiversidad aspira a la igualdad de derechos para todas las personas, a la valoración positiva de la diversidad de la mente humana y al empuje comunitario para superar las estructuras de exclusión. En el ámbito de la salud se habla mucho de la medicina personalizada, pero necesitamos siempre igualmente una educación personalizada, atenta a las diferencias individuales. Hay que resaltar esa idea: diferencias y no deficiencias.

La mejor forma de predecir el futuro es crearlo y eso lo hacemos cada día en nuestra clase neurodiversa. ¡Y todas lo son!

José Ramón Alonso
Neurobiólogo y catedrático
de la Universidad de Salamanca
https://jralonso.es/